HABLEMOS DE D

Educación financiera para

JD Repko

Ibukku es una editorial de autopublicación. El contenido de esta obra es responsabilidad del autor y no refleja necesariamente las opiniones de la casa editora.

Publicado por Ibukku
www.ibukku.com
Diseño y maquetación: Índigo Estudio Gráfico
Ilustraciones Ángel FloresGuerra Bistrain
Copyright © 2020 JD Repko
ISBN Paperback: 978-1-64086-795-6
ISBN eBook: 978-1-64086-796-3

DON DINERO $

Érase una vez un señor muy poderoso, podía viajar por todo el planeta, comprar y tener todo lo que quisiera.

Don Dinero estaba en todas partes y se presentaba de diferentes formas, en algunos lugares le llamaban peso, dólar, euro, libra, yen y otros sobrenombres, Don Dinero también tenía hijas llamadas Monedas.

Don dinero nació primero del uso de metales preciosos como el oro, la plata etc. como forma de pago; luego, en China alrededor del año mil (1000) en la provincia de Sichuan, el papel moneda fue introducido por primera vez, en torno al siglo IX por los bancos privados.

Respaldado por la potente autoridad del estado Chino, este dinero conservaba su valor en todo el imperio, evitando así la necesidad de transportar la pesada plata.

A partir de ahí la familia fue creciendo por el mundo, en principio se les puede encontrar actualmente con las autoridades monetarias competentes, como los bancos centrales de cada país, de ahí pasan a los bancos comerciales y negocios de cambio.

Don Dinero nació con la intención de ser una forma de pago para comprar y vender bienes y servicios.

En general, la sociedad lo acepta para la realización de transacciones y la cancelación de deudas y que, por tanto, evita el trueque o intercambio directo de mercancías.

Aunque la sociedad lo acepta, algunas personas lo discriminan, no confían en él, hasta dicen que es el origen de todo mal y huyen de él.

Don dinero se pone muy triste al escuchar eso, porque su intención es poder ser amigo de todos, Don Dinero tiene una regla y es que para ser su amigo necesitas saber cómo utilizarlo, de ese modo puedes hacer que Don Dinero crezca, se sume o hasta se multiplique.

A Don Dinero no le gusta que seas avaro o tacaño, si no usas el dinero, la economía se estanca y él no puede tener más hijos.

A Don Dinero le gusta ser tu amigo porque así puedes ayudar a otras personas o causas, como por ejemplo haciendo obras de caridad.

También cuando ayudas a Don Dinero a multiplicarse puedes comprar lo que necesites y todo lo que quieras, puedes pagar tus estudios, tu ropa, tus alimentos, ir de vacaciones y hacer tus sueños realidad.

Don Dinero también tiene dos primas llamadas tarjeta de Crédito y Débito.

Aunque su apariencia es diferente, se utilizan igual que el dinero de papel, su función y uso son iguales.

Encaríñate con el dinero, para que lo entiendas y puedas aprender como utilizarlo, no le temas; él solo se comportará como tú le digas.

¡Don Dinero te desea mucho éxito en la vida!

DOS HERMANAS MARAVILLOSAS

Érase una vez dos hermanas que vivían en un monedero, sus nombres eran Tarjeta de Débito y Tarjeta de Crédito.

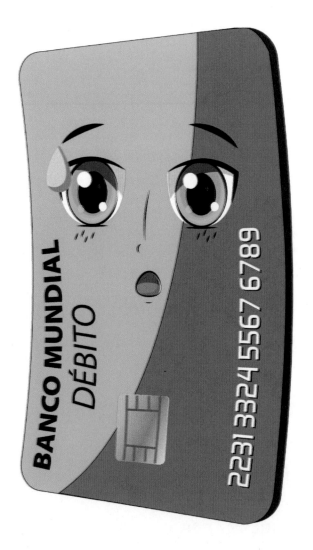

Tarjeta de Débito era la mayor, a veces Débito no tenía dinero en su cuenta, por lo que no podía salir de casa. Débito necesitaba trabajar para poder tener balance en la cuenta.

Por otro lado, Tarjeta de Crédito, que era la menor, siempre andaba de compras, gastando hasta lo que no tenía, ya que el banco le prestaba lo que pedía…

Esta situación tenía muy disgustada a Débito, quien se ponía triste porque el banco a Crédito le daba toda la cantidad que quisiera, pero debía también pagar un dinero extra por dicho préstamo.

Entonces Débito decidió hacer un pacto con Crédito y ambas acordaron que Crédito solo saldría a gastar con la autorización de Débito, así cuando Crédito hiciera gastos, Débito, después de revisar y aprobar la compra, estaría lista para saldar a la fecha de pago.

De esa manera ambas hermanas estuvieron felices pues no tenían más dificultades para pagar y mantenerse al día.

La diferencia de estas hermanas, tarjeta de débito y crédito, se basa en que la primera siempre está asociada al saldo que el cliente tenga en la cuenta de ahorros o de cheque, mientras que a tarjeta de crédito le permiten operar con dinero prestado por el banco o entidad financiera.

Definiciones:

Tarjeta de Débito: es un producto entregado por instituciones financieras para hacer pagos a partir del dinero que una persona mantiene en una cuenta asociada, ya sea cuenta de ahorros, cheque o cuenta corriente.

Tarjeta de Crédito: es un plástico emitido por una compañía financiera (banco) que permite a su propietario la opción de pedir prestado dinero al emisor.... Esto permite a los titulares (usuarios) pagar por productos o servicios sin tener dinero en efectivo o un cheque.

¿CÓMO UTILIZAR LAS TARJETAS DE CRÉDITO?

Pautas para quien usa una tarjeta de crédito por primera vez:

1- Una tarjeta probablemente es suficiente.

2- Mantenga un límite de crédito bajo, de acuerdo con su presupuesto, lo que evitará tentaciones.

3- Pagar todos los meses la totalidad del saldo que adeuda.

4- Realizar sus pagos a tiempo.

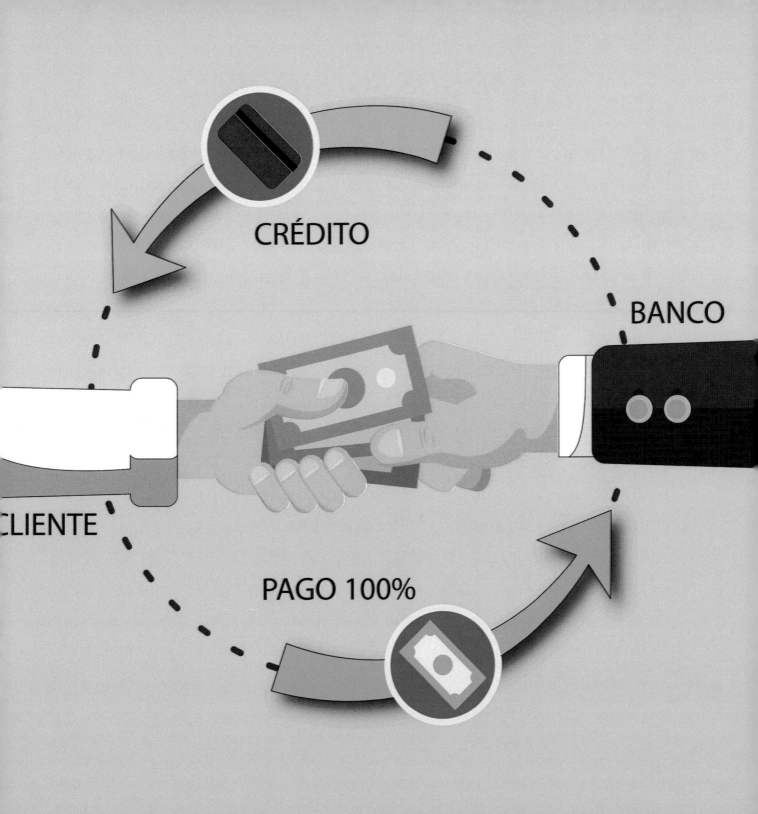

CRÉDITO

BANCO

CLIENTE

PAGO 100%

¡AMIGOS SOÑADORES!

Había una vez un señor llamado Empleado, que trabajaba muy duro casi todo el día, siempre cambiando su tiempo por dinero. Señor Empleado vivía muy triste porque no tenía tiempo para compartir con su familia, ni siquiera en los días importantes, como cumpleaños, reuniones familiares, etc.Muy pocas veces descansaba y lo que ganaba no le alcanzaba para tener vacaciones.

La vida era muy difícil para él porque tenía muchas responsabilidades, necesitaba pagar alquiler, transporte, comida, ropa, medicamentos y más; es por esa razón que le costaba tomarse unas vacaciones.

Un día estaba muy enojado y triste porque había prometido hacer un regalo a su hijo y no pudo cumplir con su promesa.

¡Luego, en su trabajo, recibió una visita inesperada de su buen amigo, Señor Autoempleado, que hacía mucho tiempo no veía y se alegró mucho!Autoempleado pasaba por casualidad cuando vio a Empleado en el establecimiento.

Se sentaron a conversar y a ponerse al día de cómo estaba cada cual, y mientas Empleado le contaba a su buen amigo Autoempleado sus frustraciones, al señor Autoempleado se le ocurrió la idea de reunirse con un vecino suyo al que le iba muy bien, aunque su trabajo era arriesgado, su nombre era Señor Emprendedor.

Emprendedor tenía grandes ideas de negocios, y aunque se había dedicado a trabajar en sus sueños unos años sin ganar nada, empezaba a ver los frutos de su esfuerzo, horas sin dormir, empezando una y otra vez sin rendirse... ¡rendirse no era una opción!

Decidieron reunirse el fin de semana. Empleado y Autoempleado se despidieron con un gran abrazo.

Empleado estaba muy positivo de que algo muy bueno saldría de esa reunión.

Al llegar el fin de semana Autoempleado paso a recoger a Empleado a la hora acordada y manejaron a casa del Señor Emprendedor... Al iniciar la conversación empleado estaba maravillado con lo que escuchaba, Emprendedor había empezado como empleado, trabajando para alguien más, hizo un sacrificio grande para ahorrar dinero, que le alcanzó para ser como autoempleado, hizo esta labor un tiempo considerado y tomó la decisión de crear ideas, muchas fallaron pero de ahí salió un buen producto que era necesario para muchas personas, con el problema que tenían las personas por la falta del producto especial, pronto su producto se esparcía a muuuuuchas personas, y como Emprendedor había creado el hábito de ahorrar, ahora tenía suficiente dinero en efectivo que quería utilizar, pero no podía completar su proyecto solo, para eso necesitaba ayuda.

¡Entonces en esa reunión surgió la idea de invertir, comprando productos a bajo precio, haciéndoles arreglos si fuera necesario y colocándolos de vuelta al Mercado como nuevos, obteniendo ganancias!

Empleado y Autoempleado estaban maravillados con la idea, como en todos los negocios, había riesgos, pero el mayor de los riesgos era no intentar. Así que se pusieron de acuerdo de cómo cada uno, sin dejar sus actividades, iba a trabajar en ese plan en su tiempo libre.

Lo primero era saber que iba a hacer cada uno. Emprendedor aportó dinero, Autoempleado puso sus conocimientos sobre como adquirir los productos necesarios y Empleado decidió cooperar con su lista de compradores y su experiencia de tantos años en ventas, acordaron dividir las ganancias en partes iguales.

Seis (6) meses después pusieron manos a la obra, en el proceso fueron aprendiendo uno del otro y también de los errores que iban cometiendo, en esta ocasión Empleado, Autoempleado y Emprendedor a penas podían descansar, así pasaron un tiempo y poco a poco vieron los frutos de su esfuerzo.

Luego de cinco (5) años de fallarle a su familia, Empleado, quien ya había renunciado a su empleo anterior, y Autoempleado, que seguía sus actividades junto con el proyecto al lado de Emprendedor, lograron las ganancias de sus sueños.

Empleado estaba muy feliz porque, finalmente, no solo pudo comprar el regalo para el cumpleaños de su hijo y darle la sorpresa de hacerle una gran fiesta con todos sus amigos, sino que también pudo comprar una casa y un carro para llevar su hijo a la escuela.

Ahora Señor Empleado, Señor Autoempleado y señor Emprendedor se habían convertido en Señores Inversionistas.

Todos ocupaban posiciones importantes para cada labor que realizaban anteriormente, pero sus sueños eran otros, ellos decidieron convertirse en Inversionistas. A algunos les apasiona su trabajo, dar servicio, o estar presentes en sus negocios, sin embargo como inversionistas ahora disponían del tiempo necesario para dedicarle a sus familias y para hacer lo que más les hacía felices.

¿Que te gustaría ser cuando seas adulto?

_____

_____

¿Que te apasiona hacer?

_____

_____

¿Como quieres ayudar a otros?

_____

_____

¡Sueña y no pares de soñar, porque con la persistencia y disciplina puedes alcanzar lo que te haga más feliz!

IMPUESTO

Había una vez un Señor muy temido por todo el mundo, su nombre era IMPUESTO.

Las personas corrían, le tenían mucho miedo porque él reclamaba Dinero por todas partes y a todos por la compra y venta de Productos y Servicios.

Impuesto obliga a toda persona mayor de edad a pagarle hasta el día de su muerte.

Nadie puede escapar de él.

El dinero que él recoge lo utiliza para financiar el gasto público de cualquier gobierno.

Por ejemplo: construcción de escuelas, hospitales, parques, calles, carreteras… etc.

Impuesto sale en búsqueda de Dinero en las fechas de pago, principalmente cuando obtenemos nuestros salarios. ¡Nadie se salva!

Muchas personas le temen por no tener conocimientos de su función y cómo utilizarlos apropiadamente; al final son las reglas que sirven para el desarrollo de un país y aportar a la comunidad donde todos formamos parte.

Impuesto está sujeto a cambios por parte del gobierno, casi siempre en aumento.

Conozcamos a todos los personajes en nuestras vidas, para saber qué hacen realmente y luego decidimos si serán nuestros amigos.

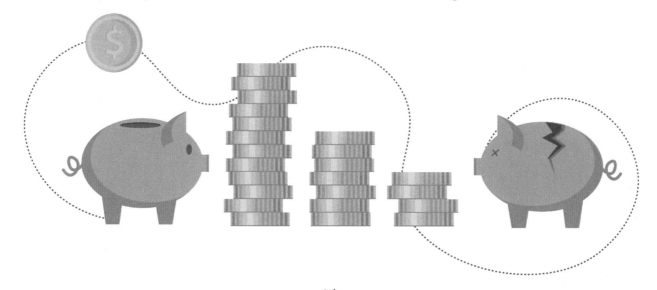

DINÁMICAS

¿Cuánto dinero quieres tener cuando seas adulto?

_____

_____

¿Cómo vas a obtener el dinero?

_____

_____

¿Qué harías con ese dinero?

_____

_____

¿A quiénes ayudarías con tu dinero?

_____

_____

Escribe cinco veces las frases que están a continuación.

El dinero es un instrumento

1- _____

2- _____

3- _____

4- _____

5- _____

El dinero es bueno para obtener cosas.

1- _____

2- _____

3- _____

4- _____

5- _____

Yo amo ahorrar.

1- _____

2- _____

3- _____

4- _____

5- _____

No debo gastar lo que no tengo.

1- _____

2- _____

3- _____

4- _____

5- _____

Puedo tener dinero emprendiendo.

1- _____

2- _____

3- _____

4- _____

5- _____

Soy muy bueno administrando mi dinero.

1- _____

2- _____

3- _____

4- _____

5- _____

No debo ser avaro ni tacaño.

1- _____

2- _____

3- _____

4- _____

5- _____

Puedo obtener dinero trabajando honradamente.

1- _____

2- _____

3- _____

4- _____

5- _____

El mundo es abundante y hay para todos.

1- _____

2- _____

3- _____

4- _____

5- _____

Debo usar el dinero pero el dinero no debe usarme a mi.

1- _____

2- _____

3- _____

4- _____

5- _____

COLOREA LAS IMÁGENES

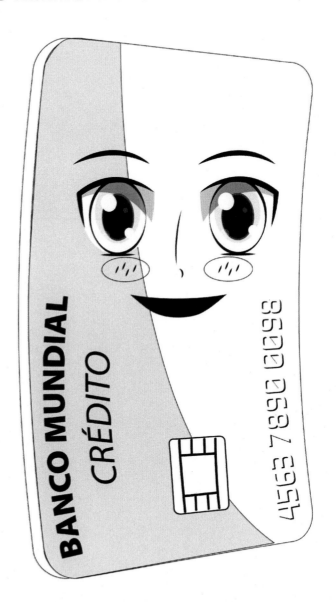

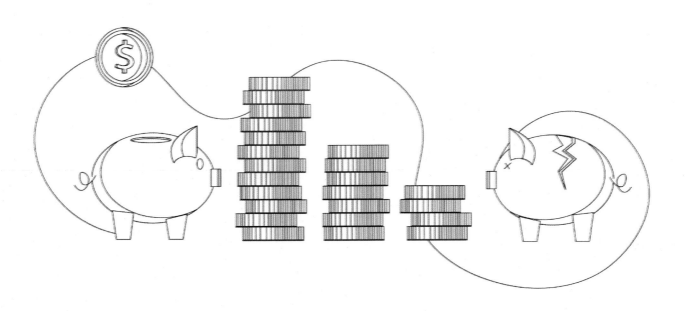

Made in the USA
Columbia, SC
25 March 2022

58152591R00027